AF338514

# PROJET

POUR

## PAYER LES CRÉANCIERS DE L'ÉTAT

ET

## SAUVER LA FRANCE;

Par l'Auteur des Observations sur l'état présent de la France considérée sous le rapport des finances.

A PARIS,

Chez FRANCART, Libraire, rue Poupée, n°. 5.

1815.

## A PARIS,

De l'imprimerie d'Adrien LE CLERE, Imprimeur de l'Archevêché de Paris, quai des Augustins, n°. 35.

# MOYENS

## DE SALUT PUBLIC.

Ceux qui osèrent les premiers se charger de gouverner les hommes, et s'imposer le fardeau de la félicité publique, furent des êtres véritablement grands : pour le bien qu'ils vouloient faire aux hommes, ils s'exposèrent à leur ingratitude, et pour le repos d'un peuple, ils renoncèrent au leur; ils se mirent, pour ainsi dire, entre les hommes et la Providence, pour leur composer par artifice un bonheur qu'elle sembloit leur avoir refusé.

Louis-le-Désiré, ce fils du plus grand de nos Dauphins, ce frère d'un Roi victime de l'ingratitude de ses sujets, ce pur sang issu de tant de Souverains, après avoir gémi, pendant vingt-cinq ans, en pays étranger, sur les égaremens et les malheurs de son peuple, d'abord livré à l'anarchie, et ensuite gouverné par la tyrannie, a le courage de reprendre le gouvernement de ce peuple malheureux, sans mœurs, sans finances, et agité par plusieurs factions plus ou moins dangereuses.

A peine assis sur le trône de saint Louis et de Henri IV, il sonde les plaies que les malheurs des temps ont fait à son royaume; il en voit toute l'étendue et le danger, il applique sur ces plaies le baume salutaire, elles se cicatrisent trop lentement au gré des intérêts particuliers (du moins c'est le prétexte des agitateurs).

Ces intérêts particuliers, froissés ou non froissés, n'ont pas tardé d'amener une nouvelle subversion, qui a compromis la sûreté et la fortune de tous les membres de la grande famille.

L'absence de la morale et le mauvais état des finances occasionneront toujours des catastrophes qui peuvent compromettre et les trônes et les peuples.

Des égoïstes et un déficit ont préparé, en 1789, la sanglante tragédie dont nous avons été les acteurs et les victimes pendant vingt-cinq ans.

Les États-généraux, assemblés à cette époque par le plus juste et le meilleur des rois pour combler ce déficit, se sont constitués en assemblée nationale : ils n'ont pas rempli leur mission; en se séparant, ils nous ont légué une révolution qui a achevé de nous démoraliser, et a englouti toutes les ressources sans aucun avantage pour la chose publique.

Nous n'avons plus ni mœurs ni finances; il ne nous reste qu'un stupide égoïsme et des comptoirs. *O tempora ! o mores !*

C'est une grande tâche pour un souverain, au milieu des calamités qui affligent son peuple, d'avoir à réprimer les factions, réformer les abus, payer toute la dette exigible, recouvrer intégralement les revenus de l'État, donner des secours aux malheureux, faire refleurir les arts et le commerce en moins de trois ans, et ensuite diminuer les impôts.

Les représentans, les organes de la nation sont là pour guider et seconder les efforts et les hautes conceptions du Monarque et sauver la France.

Dieu tout-puissant, répands sur eux et sur le Monarque tes plus abondantes bénédictions ; donnes-leur cette sagesse, cette énergie et ce désintéressement qui font la gloire et le bonheur des nations ; que de saintes et fortes institutions rétablissent parmi nous la morale et la concorde ; rends la tranquillité et la paix à un grand peuple, qui, pendant vingt-cinq ans, a été livré, par des guides aveugles, à tous les fléaux de ta justice ; inspires-lui l'amour de tes saintes lois et celui du Roi, ta parfaite image sur la terre ; réalise au milieu de ce peuple ces paroles du Prophète-Roi : *Quam dulcè et quam jucundum habitare fratres in unum.*

Ah ! si les ministres, ces dépositaires de la puissance et de la sagesse du Prince, pouvoient tout voir par leurs yeux, tout entendre de leurs oreilles, ils verroient combien les rapports qui leur sont faits sont souvent éloignés de ce qui est : de fréquentes audiences réglées, des audiences intempestives, leur feroient éviter beaucoup d'erreurs; mais on ne peut arriver au ministre qu'après une demande motivée d'audience, qui est accordée ou refusée au gré de ceux qui s'y trouvent intéressés.

Dans mes *Observations sur l'état présent de la France*, j'ai soumis à la méditation des législateurs et à celle du gouvernement, quelques idées sur les choses existantes, et qui sont susceptibles de modification ou de réforme; leur sagesse en fera justice.

Je ne puis taire ici que, depuis vingt ans, les impôts sont toujours allés en croissant. Les immenses ressources qu'ont fourni les domaines nationaux de toutes les origines auroient dû absorber la dette publique; elle subsiste encore d'une manière plus effrayante qu'avant la révolution.

Depuis quinze ans, une routine aveugle, plutôt qu'un principe raisonné de finances, a fait augmenter annuellement la dette publique et les impôts; l'insatiable fisc ne savoit que mettre taxes sur taxes, impôts sur impôts, centimes sur centimes. Il croyoit atteindre les fortunes, il se trompoit; il ruinoit l'agriculture, l'industrie et le commerce, il détruisoit la confiance et le crédit public.

Tels ont été les déplorables effets de vingt-cinq ans d'anarchie et de tyrannie.

Le Souverain légitime s'est montré, pendant onze mois, paré de toutes les vertus qui caractérisent le grand Monarque, le père de son peuple, et avec lui un ministre sage et éclairé. Si l'esprit des bureaux eût changé, si le ministre eût été instruit des misères du peuple, s'il eût eu l'avantage d'un mois de plus pour présenter le budjet de 1815, si j'eusse pu obtenir une audience de lui, il auroit écarté le système et la routine des centimes d'augmentation sur la contribution foncière, en ce que cette augmentation frappoit sur le cultivateur et le ruinoit; il n'auroit pas présenté une augmentation sur les contributions personnelle et mobiliaire en principal et centimes, parce que ces contributions frappent sur les malheureux, et qu'elles n'ont que des bases absurdes.

Quand les rôles ont paru, la désolation étoit partout; il me semble qu'il auroit été plus prudent d'établir un 20ᵉ. ou un 10ᵉ. sur les revenus fonciers, à la charge des propriétaires. On affecte toujours d'ignorer que les centimes annuels d'augmentation, en frappant sur la propriété, ne frappent pas toujours sur le propriétaire; que ces centimes, les réquisitions de chevaux, de bestiaux et de denrées ont constamment frappé sur l'industrie des cultivateurs; que les propriétaires ont toujours joui de leur revenu intégral, et n'ont contribué aux charges publiques, dans ces derniers temps, que par la ruine de leurs fermiers.

Quoi qu'il en soit, la confiance et le crédit public ont fait des progrès rapides dans ce court intervalle de onze mois. Les obligations du trésor royal inspiroient assez de confiance pour permettre aux créanciers de l'Etat de respirer. Un crime affreux, unique dans les annales des nations, a tout renversé en peu de jours, et a remis les finances dans un état pire que eelui dont le Roi et son ministre les avoient tirés.

La situation du royaume nécessite un systême permanent de finances; j'en ai donné l'idée dans les quatre parties des *Observations sur l'état présent de la France.* (*Voyez* la page 5 jusqu'à la 24e. de cet opuscule.) Les développemens seroient trop longs, et formeroient un gros volume. J'en ait dit assez, dans ces dix-neuf pages, pour faire comprendre qu'il falloit en simplifier toutes les parties, ramener les contributions directes à l'unité, les fonder sur des bases solides, immuables, qui excluent tout arbitraire, établissent l'égalité proportionnelle, et fassent taire le proverbe populaire, *que les riches sont ménagés parce qu'ils ont la parole.*

Cette opération n'est pas à précipiter : les matériaux sont prêts; si le gouvernement juge à propos de les employer, je les fournirai, et ce systême pourra être mis en vigueur pour l'exercice 1817.

Il seroit à souhaiter, pour le présent, que les représentans du peuple adoptassent les moyens que je vais présenter, ou tel autre que leur sagesse pourroit leur suggérer, pour l'entière libération de la dette publique exigible, et l'entier recouvrement et appurement des revenus arriérés de l'État, et mettre toutes les recettes et toutes les dépenses au courant. Cette mesure préliminaire me paroît indispensable.

Voici ces moyens : je puis me tromper, mais on ne contestera pas ma bonne foi.

La France se compose aujourd'hui d'individus dont le plus petit nombre a tout, et le plus grand nombre n'a rien.

Les riches comme les pauvres, chacun dans sa sphère, se considèrent comme ruinés ; le gouvernement se trouveroit lui-même dans de grands embarras si les représentans du peuple n'avoient pas le pouvoir de multiplier les signes de la fortune publique, de les modifier ou de les changer pour relever le corps politique sur le penchant de sa ruine.

Le gouvernement ne reçoit pas ses revenus, les propriétaires ne reçoivent par leurs fermages, les fermiers ont fourni en réquisition le gage de leurs fermages et celui des contributions. Les marchands, depuis long-temps, ne vendent pas, les ouvriers, les gens de peine ne travaillent pas, les fonctionnaires publics, les employés civils, les militaires ne sont pas payés ; tout est dans la plus grande stagnation, soit pénurie réelle, soit défiance des capitalistes et de ceux qui disposent des signes de la fortune publique, soit tout autre motif.

Il est dû un arriéré considérable de contribution au gouvernement, et ce même gouvernement doit beaucoup aux plus forts contribuables, aux fonctionnaires publics, aux employés, aux militaires de tous grades, etc. etc. Sans entrer dans ce détail, il paroît constant qu'il sera impossible de trouver assez de ressources pour combler l'abîme et rétablir le crédit public.

Les frais de cette guerre sont incalculables. Quelques personnes voudroient qu'ils fussent à la charge de ceux qui l'ont provoquée, de ceux qui, depuis long-temps, se sont enrichis de nos dissentions; de ces usuriers, qui ont rempli leurs coffres en bravant les cris de la misère publique; de tous ceux enfin qui étoient dévoués aux auteurs de nos maux. Les uns ont ruiné le fisc, les autres ont démoralisé et démoralisent encore la nation.

Ce principe seroit rigoureusement juste : il semble qu'il est impossible de transiger avec eux ; plus le Roi est bon, plus la nation est indulgente, plus ils affectent d'être méchans.

Mais le Roi les regarde comme ses enfans, et nous, amis du Roi, nous devons entrer dans les sentimens de ce bon père ; nous devons être généreux envers nos frères encore égarés ; rejeter toute ligne de démarcation, et partager avec eux nos peines présentes et nos joies futures.

N'attentons pas aux propriétés, ne soyons pas jaloux de leur fortune ; il n'en faut pas tant pour vivre et mourir : cherchons des ressources qui ne coûtent des larmes à personne.

L'or et l'argent sont les idoles de la plupart des humains ; il faut dépayser, pour un temps, ces divinités infernales, agentes et protectrices de tous les crimes et de tous les attentats, qui ont démoralisé et ensanglanté l'univers.

Enchaînons toutes les fortunes particulières à la fortune publique, et notre malheureuse patrie sera sauvée.

Les obligations du trésor royal, dont on auroit pu tirer un parti avantageux, si on leur eût donné plus d'extension, sont devenues un objet d'agiotage ; elles perdent 10 à 11 pour 100. Elles ont perdu davantage. Cette ressource est nulle aujourd'hui.

La proposition faite au budjet de 1816 d'un emprunt forcé est impraticable. On dira : comment voulez-vous que je prête, quand je ne puis pas payer ce que je dois. Il faudroit donc ruiner les citoyens par des contraintes et des vexations inouies.

La retenue à faire sur les traitemens des employés est immorale ; ceux qui n'ont que 2000 fr. ont son-

vent une nombreuse famille, qu'ils ne peuvent en-
tretenir avec ce traitement.

L'augmentation demandée sur les cautionnemens
est encore plus immorale. Elle coûteroit 10 à 12
pour 100, et même davantage à ceux qui seroient
obligés, pour conserver leur état, de fournir cette
augmentation, et le trésor public ne leur rendroit
que 4 pour 100. Il n'est pas encore bien sûr qu'on
puisse s'en procurer. Si on venoit à bout d'en réaliser
le recouvrement, les sommes qui en proviendroient
concourroient, avec l'emprunt forcé, à grever encore la caisse d'amortissement d'un capital et d'un
intérêt qui peseroient sur la génération présente et
sur les suivantes.

On pourroit encore présumer qu'un grand nombre
de comptables fourniroit ce cautionnement avec les
propres deniers du gouvernement.

L'inscription forcée au grand livre ressembleroit
à une banqueroute, qui entraîneroit après elle de
plus grands inconvéniens que l'impôt le plus dé-
sastreux.

Je proposerois bien un nouvel impôt auquel on
n'a pas pensé jusqu'à présent; mais qui le paiera?
Avec quoi le plus grand nombre le paiera-t-il? Il
auroit pu être admis à la première restauration; il ne
pourroit l'être aujourd'hui. D'ailleurs, les impôts
sont lents à recouvrer, et les besoins sont urgens.

Il faut que chacun mette du sien, que la dette publique exigible soit payée dans un très-court délai, que les revenus arriérés de l'Etat soient promptement recouvrés, que le petit-fils de Henri IV réalise la poule au pot du plus grand de ses aïeux.

C'est ici une affaire de circonstance, un embarras, un labyrinthe, dont il faut sortir le plutôt possible, pour tout éclaircir et tout mettre au courant.

Toute balance à faire des recettes avec les dépenses est impossible, parce qu'il est très-probable que le gouvernement ne recevra pas la moitié de ce qui est dû sur les contributions arriérées et sur les courantes, s'il ne met pas les contribuables en état de s'acquitter.

J'ai fait, ces jours passés, une tournée dans les communes de mon contrôle, pour engager les contribuables à payer leurs contributions : on n'a pu obtenir que de foibles à-comptes; on ne peut ou on ne veut pas payer; personne n'achète; personne, à les entendre, n'a d'argent. Le gouvernement demande aux contribuables, ces derniers demandent au gouvernement. Les propriétaires demandent à leurs fermiers, les fermiers renvoient au gouvernement. Les fonctionnaires publics, les employés qui n'ont que leur traitement pour exister, en font autant avec leurs créanciers. C'est donc au gouvernement, à qui se rattache cette pénurie, à la faire cesser par tous les moyens qui sont en son pouvoir.

En effet, le fermier a avancé, par les réquisitions qui lui ont été faites, non-seulement le montant des contributions qu'il peut devoir, mais encore le montant, ou partie du montant de ses fermages; il s'est dessaisi, par l'effet de force majeure, du gage de l'un et de l'autre.

On ne peut pas admettre les compensations: outre qu'elles sont immorales dans cette partie, l'opération seroit longue, dispendieuse, et peut-être préjudiciable au trésor public. La raison et la justice disent : payez et je paierai; si vous ne payez pas, je ne puis pas payer.

Le retard qu'a mis le gouvernement du Roi, pendant les dix mois, à payer les réquisitions de 1813 et 1814 lui avoit attiré presque autant de contradicteurs qu'on comptoit d'intéressés au remboursement de ces réquisitions: on craignoit d'en perdre le montant, quoique garanti par le Roi, comme une dette publique exigible; mais on ne pouvoit pas se persuader que ce retard étoit occasionné par des remboursemens plus pressans.

La situation de la France nécessite donc des mesures aussi énergiques et aussi impérieuses que les circonstances et l'état des mœurs.

Chacun se dit : le numéraire est-il enfoui? le numéraire manque-t-il? S'il est enfoui, il faut le faire sortir; s'il manque, il faut en faire.

Il est plus facile d'en faire que de le faire sortir des mains de ceux qui le possèdent.

L'or et l'argent ne sont pas la fortune publique : ils n'en sont que le signe représentatif, le signe des échanges; ils n'ont qu'une valeur de convention. Chez les Incas, c'est une boue qu'on foule aux pieds; chez nous, c'est un métal qu'on resserre précieusement.

Ce n'est pas avec l'or et l'argent que les Anglais ont subjugué la France, et qu'ils sont parvenus à ce haut degré de prospérité qui étonne le monde; c'est, au contraire, en le resserrant dans leur banque, et en créant un signe fictif qui leur en tenoit lieu. Voyez le fameux bill rendu sous le ministère de Pitt; ce bill qui a sauvé l'Angleterre et l'Europe. *Audaces fortuna juvat, timidosque repellit.*

Qui empêcheroit le gouvernement de créer un signe fictif, un signe représentatif, une valeur de convention, avec des matières autres que l'or et l'argent, et qui ait la même valeur que celui des Anglois.

On s'aperçoit que je veux proposer de suppléer à l'absence des signes d'or et d'argent, par un signe fictif qui rempliroit le même office, disons le mot, un papier-monnoie.

J'entends les gens de mauvaise foi, pousser les hauts cris, faire valoir et insister sur la dépréciation des assignats, et sur le dommage qu'un grand nombre de citoyens en a éprouvé par leur chute progressive.

Les représentans du peuple ne doivent pas craindre ces clameurs; tout le monde sait que quand les assignats ont été créés, le Roi étoit sur son trône; tant qu'il a existé, ils ont été au pair avec l'argent, parce qu'on n'en émettoit que dans la proportion des besoins; mais quand le père de famille n'a plus été présent, et que mille à douze cents rois se sont mis à sa place, ils en ont émis outre mesure : de là leur décadence, leur chute, et la ruine de quelques individus; mais ici, nous n'avons qu'un Roi, qu'un surveillant assez riche, et plus dévoué au bonheur public qu'à aucun intérêt personnel, pour être persuadé d'avance qu'il n'abusera pas de ce moyen de salut public.

Pour parler franchement, les assignats de l'assemblée constituante ont amené et soutenu la révolution; il faut qu'un papier-monnoie national ramène et soutienne l'ordre et la tranquillité : les assignats de la convention ont détruit l'esprit et la morale publique de la nation, il faut qu'un papier-monnoie national lui rende l'un et l'autre.

Les représentans pourroient d'abord rendre une loi qui mettroit la dette publique sous la sauvegarde

de la nation, et l'hypothéqueroit sur toutes les propriétés foncières et mobiliaires, publiques et privées
du royaume.

Par une autre loi, les administrateurs de la Banque
seroient chargés, sur cette hypothèque, de l'émission
d'une quantité de billets suffisante pour payer la to-
talité de la dette exigible liquidée; la valeur des billets seroit déterminée : il n'en seroit pas émis au-des-
sous de 25 ou 50 fr. Ce papier auroit un cours forcé,
et circuleroit dans tout le royaume, concurremment
avec l'argent. Tout ce qui, dans les paiemens, ne feroit pas 25 ou 50 fr. seroit regardé comme appoint
et payé en numéraire.

Ce papier-monnoie seroit reçu dans toutes les
caisses publiques et privées, et dans toutes les tran-
sactions, nonobstant toutes stipulations contraires
auxquelles il seroit dérogé.

Par la même loi, il seroit établi une contribution
d'un 20e., d'un 10e. ou d'un 5e. sur tous les revenus
fonciers et mobiliers, pour parvenir, dans un espace
de temps donné, à l'extinction de ce papier.

Les contributions, telles qu'elles sont en 1815,
seroient continuées pour 1816, ce qui excéderoit les
besoins, concourroit avec les produits de la nouvelle
contribution à son extinction.

Il faudroit que la loi portât expressément que la
contribution du 20e., du 10e. ou du 5e. est à la

charge des propriétaires des revenus fonciers et mobiliers.

Les fermiers, qui supportent déjà avec peine l'effet de l'augmentation des centimes portés au budget
de 1815, *sur la contribution foncière*, ne pourroient
pas supporter cette nouvelle charge sans danger pour
la culture.

Il en résultera la confection d'un rôle spécial : on
basera cette contribution sur les revenus portés aux
matrices des rôles de la contribution foncière, afin
de ne pas établir sur les baux une inquisition désa-
gréable.

Pour imposer les revenus mobiliers, dans les mêmes
proportions que les revenus fonciers, on s'en procu-
reroit les bases qui existent partout.

Le gouvernement paieroit avec ce papier toute
la dette exigible liquidée jusqu'à présent, et feroit
liquider le surplus pour le payer de la même manière.

Les fermiers métayers et colons, à qui il est dû de
grosses sommes pour fournitures, étant payés, paieront leurs contributions arriérées et courantes, leurs
fermages et leurs dettes particulières; ils n'auront
plus le prétexte que le gouvernement leur doit et ne
les paie pas.

Les fonctionnaires publics, les employés, les militaires et autres, seront également liquidés et sol-
dés

dés de tout l'arriéré. Ils paieront les dettes que les malheurs des temps leur ont fait contracter.

On accordera des indemnités et des soulagemens aux malheureux qui ont le plus souffert des effets de l'invasion.

Le gouvernement fera travailler les ouvriers que l'oisiveté rend toujours dangereux.

Les riches, qui, dans la crainte des impôts, ont renvoyé leurs ouvriers, les reprendront.

La circulation deviendra abondante; elle vivifiera le commerce, l'agriculture; elle éteindra l'esprit révolutionnaire parmi le peuple; toutes les sources de la prospérité se rouvriront; tous les François, tous les gros et petits propriétaires seront intéressés à maintenir la valeur nominale du papier-monnoie, qui, d'ailleurs, ne peut pas plus péricliter que la monnoie d'or et d'argent, et les autres billets de la Banque, tant qu'on ne portera pas leur émission audelà des besoins actuels, et qu'ils seront si bien hypothéqués.

L'usure, ce chancre rongeur, qui couvre le sol de la France, sera obligé de chercher d'autres spéculations pour mettre ses capitaux en valeur.

A mesure que la somme du papier diminuera, l'argent sortira avec plus ou moins d'abondance.

Toutes les contributions arriérées et courantes seront soldées, et pour appurer entièrement les rôles de 1813, 1814, tant ordinaires qu'extraordinaires, et ceux de 1815, il sera dressé des états de non-valeurs au profit de ceux qui seront reconnus malheureux, et avoir soufferts des événemens de la guerre.

Pendant les derniers mois de 1815, et au commencement de 1816, on sondera la situation exacte des finances, on examinera toutes les améliorations dont le système actuel est susceptible, on fera les dispositions convenables pour le simplifier, et mettre en activité le nouveau système des contributions directes et de rôles pour 1817; on en fera rapport à l'assemblée des représentans; on brûlera tout le produit en papier-monnoie de l'impôt sur les revenus fonciers et mobiliers. S'il y avoit un excédent de besoin pour 1817, on diminueroit cette contribution d'autant, ou on la supprimeroit.

Il est bon d'observer que dans le nouveau système de contributions directes que j'ai à proposer, l'impôt du 20e., 10e. ou 5e., dont il est question, s'y trouvera confondu, sans que la contribution foncière en soit augmentée sur les individus; parce que, comme je l'ai dit dans mes Observations, il est des contribuables qui ne paient rien, d'autres qui ne paient pas assez: tout rentrant dans l'ordre, chacun payant ce qu'il doit, les cotes individuelles baisseront dans les proportions.

La masse des communes, ou si on veut la matière imposable des communes, augmentera, et les cotes individuelles de contribution foncière baisseront, parce que les contributions personnelle et mobiliaire, basées sur leurs principes, et réunies au rôle de la contribution foncière, se prêteront un secours mutuel, et par le mécanisme du taux soulageront beaucoup cette dernière, même quand on augmenteroit le mandement.

Il pourroit arriver, par l'effet des économies qui résulteroient d'un ordre nouveau à établir dans l'administration de tous les revenus publics, et le nouveau système de contribution, que les revenus actuels excédassent la somme des besoins; alors on emploieroit cet excédent à amortir le papier-monnoie d'autant.

Il pourroit encore arriver qu'avec cet excédent, le nouvel impôt ne durât pas deux ans.

On examinera s'il ne conviendroit pas de racheter les obligations du trésor royal, qui ont perdu jusqu'à 15 pour 100, qui aujourd'hui en perdent 9 ou 10, et pour lesquelles le trésor royal paie 8 pour 100 d'indemnité.

On examinera aussi s'il ne conviendroit pas de suspendre les ventes des bois nationaux et des biens communaux, ou de les faire cesser entièrement.

On a dû sentir combien ces mesures sont désastreuses et impolitiques.

La vente des biens communaux est une de ces mesures spoliatrices dont le gouvernement qui vient de finir ne se faisoit pas de scrupule ; elle fait un tort considérable aux habitans propriétaires de ces communes.

Ces biens leur servoient à faire des élèves de bestiaux ; la partie pauvre de ces habitans avoit et n'avoit souvent que cette seule ressource pour avoir à sa disposition une vache, dont la nourriture ne lui coûtoit rien ; ces malheureux vivoient du produit de la vente journalière du lait de cette vache, et du produit de son veau ; cette ressource leur est ôtée, ces ventes, ces spoliations réduisent au désespoir cette intéressante portion de la société.

Il me semble qu'il seroit plus politique de racheter ce qui est vendu de ces biens, en prés et pâturages, et de les rendre aux communes, que de continuer ces ventes, et de grever la caisse d'amortissement d'un remplacement en intérêt, qui ne pourra jamais atteindre le même but.

## CONCLUSION.

Je fais encore imprimer cette partie détachée de mes Observations ; je l'ai faite immédiatement après le retour du Roi : elle n'est applicable qu'au régime intérieur de la France. Quant à la contribution de guerre, qu'on dit que les souverains alliés exigent, je n'en ai pas parlé ici, parce que je n'ai aucune certitude de cette demande, ni de sa quotité; l'assiette et le recouvrement de cette contribution tiennent à d'autres principes; j'aurois fourni des moyens également faciles pour anéantir cette dette.

Il restera dans mon porte-feuille : 1°. le chapitre des abus: je sais que le monde ne peut pas aller sans abus; mais il en est qui sont tellement révoltans, et qui portent de telles atteintes à la morale publique, qu'ils excitent toute l'action répressive du gouvernement.

2°. Le chapitre des principes sur lesquels il conviendroit d'établir les contributions directes pour ne former qu'un seul rôle, et le tableau de toutes les cotes supposées possibles suivant l'hypothèse où se trouve chaque contribuable.

J'avoue que je ne suis pas assez riche pour faire les avances, et peut-être le sacrifice d'aussi grands frais d'impression : peu de personnes lisent, et trop peu aiment à se promener dans les champs scabreux de la finance pour espérer de m'indemniser par la vente d'un gros volume.

Mes lecteurs pardonneront les répétitions qui se trouvent dans le cours de cet ouvrage. En matière de finances, il est difficile de se faire bien entendre autrement.

Peu accoutumé à donner mes idées au public par la voie de l'impression, mon style n'est pas brillant : je les prie de croire qu'il a fallu un ardent amour de mon pays et de notre excellent Roi pour me déterminer à la publication de ces deux extraits de mes pensées.

D'un côté, j'ai vu peu de personnes disposées à des sacrifices volontaires d'argent pour sauver la patrie : il a nécessairement fallu présenter le projet d'un signe fictif qui pût en tenir lieu et faire le même office.

D'un autre côté, j'ai vu qu'on ne pourroit se procurer les grandes ressources dont on a besoin qu'avec de gros impôts, qui pèseroient trop sur le peuple et sur les propriétaires ; j'ai cru qu'un foible impôt prolongé étoit toujours préférable à celui qui pourroit tout d'un coup compromettre les ressources des ouvriers qu'on ne feroit plus travailler, et le pain des pauvres à qui les gens aisés ne voudroient plus rien donner sous ce prétexte.

Des riches, dans la crainte des impôts, ont déjà suspendu tous les travaux qu'ils faisoient faire, et les ouvriers sont à se croiser les bras.

En établissant un signe légal, qui peut tout à coup libérer le trésor public, et anéantir la dette exigible sans nuire à personne, un signe qui s'amortira insensiblement avec de légers sacrifices, le cours des affaires se maintiendra, et prendra même beaucoup plus de consistance : la confiance peut aussi les pousser au plus haut degré de prospérité, parce que les créanciers de l'Etat ayant leur capital dans les mains, le feront valoir, soit en bâtimens, soit en réparations de chemins, soit en travaux, en marchandises, ou autres spéculations quelconques ; rien ne sera interrompu, et tout le monde vivra : peu à peu ce signe disparoissant de la circulation fera placé à l'autre signe, qu'on sera obligé de faire reparoître.

C'est ainsi, qu'avec peu de chose, et sans aucun sacrifice trop lourd, exigé de ses enfans, notre malheureuse patrie sera sauvée.

On accueillera cette mesure avec d'autant plus de reconnoissance qu'elle concilie tous les intérêts, et nous verrons même un bon nombre de personnes mettre, dans ce signe de salut public, autant et peut-être plus de confiance que dans les signes d'or et d'argent.

Il ne s'agira plus, pour être véritablement heureux, que d'abandonner les chimères qui nous ont fait illusion pendant vingt-cinq ans, de nous unir, de vivre en frères, de n'avoir qu'un sentiment, qu'une opinion, de nous attacher sincèrement au trône et à la chartre constitutionnelle, comme à l'ancre de miséricorde dans la tempête, de nous ratta-

cher à la morale, douce consolation des malheu
reux, et de nous bien persuader que le Roi et
famille des Bourbons, avec le secours du ciel, peu
vent seuls nous faire jouir du bonheur après lequ
nous soupirons depuis si long-temps.

*Initium sapientiæ timor Domini.*

www.ingramcontent.com/pod-product-compliance
Lightning Source LLC
Chambersburg PA
CBHW061659050726
47598CB00004B/1629